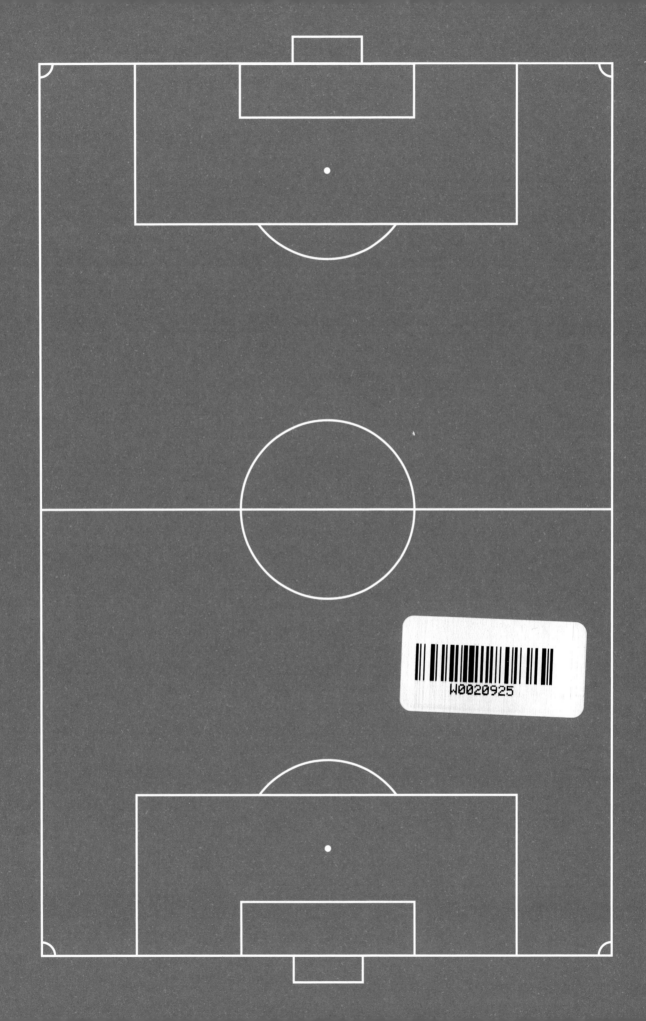

FUSSBALL

TECHNIK & TAKTIK

FUSSBALL
TECHNIK & TAKTIK

EDWARD ENSOR

p

Copyright © Parragon Books Ltd

Entwurf und Realisation: Atlantic Publishing
Text: Edward Ensor
Fotos: © EMPICS Ltd & Getty Images
Trainingsillustrationen: Kelly Cantlon
Coverfotos: © Getty Images

Alle Rechte vorbehalten. Die vollständige oder auszugsweise Speicherung, Vervielfältigung oder Übertragung dieses Werkes, ob elektronisch, mechanisch, durch Fotokopie oder Aufzeichnung, ist ohne vorherige Genehmigung des Rechteinhabers urheberrechtlich untersagt.

Copyright © für die deutsche Ausgabe
Parragon Books Ltd
Queen Street House
4 Queen Street
Bath BA1 1HE, UK

Übersetzung: Andreas Oster, Berlin
Satz und Redaktion: trans texas GmbH, Köln

Printed in China
ISBN 1-40546-437-2

Danksagung
Ein Dankeschön an die jungen Fußballer, deren Können und Geduld dieses Buch möglich gemacht haben:
Oliver Clark; Daniel Groves; Jack Hylands; Kilara Kilama-Oceng;
Ubaid Nawaz; Richard Trafford und Corinne Hill.
Vielen Dank auch an John Dunne; Simon Taylor; Kelly Cantlon; Jane Hill; Jen Little von Empics,
Richard Whiting und Natalie Jones von Getty Images
und der Watford Boys Grammar School für die Bereitstellung ihrer Räumlichkeiten.

Inhalt

7 Einleitung

8 Aufwärmen

12 Schusstechnik

20 Passen

24 Schießen

28 Ballkontrolle

36 Dribbeln

42 Tackling und Verteidigen

48 Kopfballspiel

52 Der Torwart

58 Standardsituationen

62 Spielsysteme

Einleitung

Fußball – das großartige Spiel. Millionen in aller Welt leben und atmen dafür. Entweder sehen wir unseren Helden zu oder wir stehen selbst auf dem Platz und eifern ihnen nach. Sei es in einem organisierten Spiel oder beim zwanglosen Kick mit Freunden, wir sehen uns alle gern als ein Ballack, Beckham oder Ronaldinho, vielleicht sogar als ein Lucio oder Kahn.

Doch eines haben die Spitzenspieler alle gemeinsam, sie lassen schwierige Techniken nahezu lächerlich einfach erscheinen. Dabei darf man aber nicht vergessen, dass solche brillanten Momente auf dem Spielfeld das Ergebnis von hunderten von Stunden Arbeit auf dem Trainingsplatz sind. Sämtliche Spitzenspieler trainieren endlos Freistöße, um die Fertigkeit zu besitzen, ein Spiel mit einem unerreichbaren Schuss zu entscheiden.

Jeder Fußballer muss bei den Grundlagen beginnen, und das heißt, die grundlegenden Fertigkeiten üben, bis er sie verinnerlicht hat. Dieses Buch führt Schritt für Schritt durch alle Facetten des Spiels und schlüsselt die verschiedenen Fertigkeiten und Techniken in ihre Bestandteile auf. Es werden viele wertvolle Tipps gegeben und Tricks erläutert, die man ausprobieren kann – und auf Fehler hingewiesen. Der anschließende Überblick über verschiedene Spielsysteme und Taktiken zeigt deutlich, wie wichtig es ist, als Mannschaft geschlossen anzugreifen und zu verteidigen.

Die Erläuterungen sind alle von Abbildungen begleitet, auf denen jugendliche Spieler demonstrieren, wie man die Theorie in die Praxis umsetzt. Außerdem sieht man einige der großen Spieler, die unter dem Hochdruck eines Wettkampfspiels eine perfekte Spielweise zeigen.

Wie bei jeder Sportart gilt: Je mehr man übt, desto besser wird man nachher das Spiel beherrschen. Auch das Verständnis für das größte Spiel der Welt und vor allem der Spaß daran werden wachsen.

Aufwärmen

Fußballspieler sind oft sehr ungeduldig. Meist können sie kaum erwarten, mit dem Spiel zu beginnen, ob sie „nur" im Park herumkicken oder zu einem vollen Spiel über 90 Minuten antreten. Aber Vorsicht, Fußball ist ein sehr intensiver Sport. Man muss immer wieder im Verlauf eines Spiels volles Tempo gehen, und das kann bereits in den ersten Sekunden der Fall sein. Wenn man von einem Augenblick zum anderen aus dem bewegungslosen Zustand in den vollen Einsatz wechselt, fordert man die Probleme heraus.

Bei Profispielern kann man beobachten, dass sie sich gründlich aufwärmen, bevor sie von der Ersatzbank ins Spiel gehen. Und dies nicht nur bei schlechtem Wetter. Auch wenn Jugendliche in der Regel nicht ganz so anfällig für Muskelzerrungen und Verletzungen sind, ist es dennoch eine gute Idee, die Aktionen der Profis vor und während des Spiels nachzuahmen.

Aufwärmen

Erst laufen

Das Aufwärmen erhöht zum einen den Puls und regt den Kreislauf an – für eine optimale Leistung sollte die Pulsfrequenz mindestens 120 Schläge pro Minute betragen –, zum anderen bereitet es die Muskeln auf den stetigen Wechsel von Kontraktion und Dehnung vor, den sie während eines Spiels durchlaufen. Beide Aspekte des Aufwärmens verfolgen dasselbe Ziel, sie bereiten den Körper auf die explosiven Aktivitäten auf dem Platz vor und verringern das Verletzungsrisiko.

Gemäßigtes Laufen ist immer ein guter Einstieg. Man kann langsam das Tempo erhöhen, vielleicht den Laufrhythmus variieren. Schließlich sollte man sich bis zu einem vollen Sprint steigern, bei dem dann auch der Puls die Höhe für optimale Leistung erreicht hat.

Mit lockerem Laufen beginnen, mit oder ohne Ball.

Die vordere Oberschenkelmuskulatur dehnen

Der vierköpfige Schenkelmuskel ist der große Muskel an der Vorderseite des Oberschenkels. Der Knöchel wird mit der Hand zum Gesäß gezogen (links). Wenn es schwer fällt, das Gleichgewicht zu halten, ist die Position im Bild gegenüber ebenso effektiv. 20 Sekunden halten und mit jedem Bein mindestens dreimal wiederholen.

Die Adduktoren dehnen

Das Bein bleibt gestreckt, und die Fußspitze weist nach vorne. Immer im Gleichgewicht bleiben und nicht überdehnen.

Fußball — Technik und Taktik

Die Wade dehnen
Das hintere Bein bleibt gestreckt und der Körper so aufrecht wie möglich. Das vordere Knie wird gebeugt und das Körpergewicht nach vorne gebracht (links). 20 Sekunden halten.

Die untere Wade und die Achillessehne dehnen
Anders als bei der Wadendehnung wird das hintere Knie gebeugt (oben). Das Gleichgewicht halten, indem das Körpergewicht zentral verteilt wird.

Der Portugiese Luis Figo dehnt im Sitzen gleichzeitig seine Adduktoren und die hintere Oberschenkelmuskulatur.

Aufwärmen

Die hintere Oberschenkelmuskulatur dehnen
Der Kniebeuger ist der starke Muskel an der Oberschenkelrückseite. Er ist sehr anfällig für Risse beim Sprinten. Während man auf einem Bein kniet, wird das andere nach vorne ausgestreckt. Das Knie bleibt gestreckt, und der Fuß wird mit der Hand zum Körper gezogen.

Hintere Oberschenkelmuskeln

Stretching

Beim Stretching wird in der Regel den Beinen die meiste Aufmerksamkeit gewidmet. Übungen zur Dehnung der Wadenmuskeln und der Oberschenkelmuskulatur sollte man grundsätzlich machen, aber es ist kein Fehler, sich auch den Muskeln des Oberkörpers zu widmen. Stretching verringert nicht nur das Verletzungsrisiko, sondern es erhöht auch die Beweglichkeit der Gelenke.

TIPPS

- Zuerst laufen – nur warme Muskeln dehnen.
- Vorsichtig und langsam dehnen und jede Position 20 Sekunden halten. Nie mit Schwung stretchen.
- Nie überdehnen, das führt genau zu den Verletzungen, die man verhindern möchte.
- Nach dem Spiel immer auslaufen und dehnen. Das ist genauso wichtig wie vor dem Spiel.

Eine andere Möglichkeit, die hintere Oberschenkelmuskulatur zu dehnen, ist, mit gestreckten Beinen auf dem Boden sitzend langsam die ausgestreckten Hände zum Fuß zu bewegen.

Fußball — Technik und Taktik

Schusstechnik

AS Roms Kapitän Francesco Totti beim Torschuss.

Passen und Schießen erfordern nahezu dieselbe Technik. In beiden Fällen wird der Ball gespielt, der Unterschied ist nur das Ziel: Der Pass geht zu einem Mitspieler, beim Schuss ist das gegnerische Netz das Ziel.

Der Ball kann auf verschiedene Arten gespielt werden, wobei eine Reihe von Techniken zum Einsatz kommt. Welche Technik die richtige ist, hängt von der Situation ab, und die ändert sich in einem schnellen und rasanten Spiel wie Fußball ständig. Der schlichte Flachpass, der im einen Augenblick gefragt ist, kann im nächsten schon von einem Verteidiger abgeblockt werden. Also entscheidet man sich, den Gegner mit einem angeschnittenen Ball zu umspielen. Dasselbe gilt für das Schießen. Kommt der Torwart herausgelaufen, kann man den Ball plötzlich nicht mehr ins Netz hämmern, sondern muss ihn gefühlvoll über den Torwart lupfen.

Es gibt also auffällige Übereinstimmungen zwischen Passen und Schießen. Man sagt sogar oft, dass die besten Torschützen diejenigen sind, die den Ball ins Netz passen, anstatt ihn zu knallen. Wir werden uns zuerst einige Techniken ansehen, mit denen man den Ball spielen kann, ob nun zum Passen oder Schießen. Dann können wir diese beiden Fertigkeiten und ihre Unterschiede genauer betrachten.

Schusstechnik

Schusstechniken

Der Ball kann mit der Innen- oder Außenseite des Fußes gespielt werden, auch mit dem Spann, der Ferse und manchmal sogar mit der Spitze. Es hängt von der jeweiligen Situation ab, welcher Teil des Fußes benutzt werden muss, um den entsprechenden Pass oder Schuss abzugeben.

Der Flachpass

Beim Flachpass (Innenseitstoß) wird der Ball mit der Innenseite des Fußes und angezogener Fußspitze flach am Boden gespielt. Diese Technik kann durchaus auch vor dem Tor zum Einsatz kommen – um den Ball ins Netz zu passen! Der Ball wird mit der Innenseite im rechten Winkel zur beabsichtigten Schussrichtung gespielt. Der Flachpass ist über kurze Distanzen sehr genau und zuverlässig. Wenn man guten Passspielern zusieht, kann man unzählige Beispiele für den Flachpass beobachten.

- Das Standbein ist neben dem Ball.
- Das Körpergewicht ist beim Ballkontakt über dem Ball.
- Der Kopf ist ruhig, der Blick auf dem Ball.
- Der Ball wird mittig getroffen.

Der Flachpass (Innenseitstoß)
Das Standbein sollte im Augenblick des Ballkontakts auf Höhe des Balls sein. Der Ball wird mit der Innenseite im rechten Winkel zur beabsichtigten Richtung des Passes mittig getroffen.

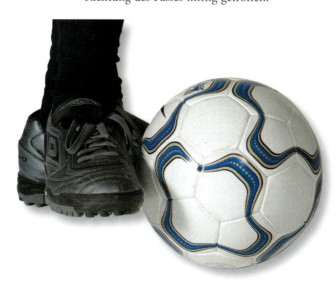

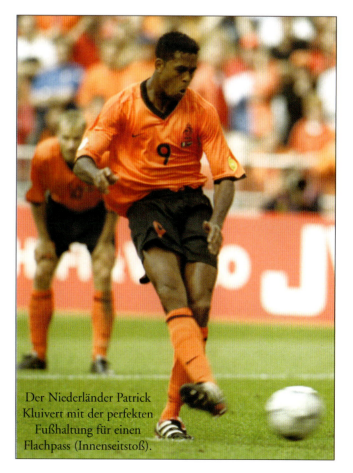

Der Niederländer Patrick Kluivert mit der perfekten Fußhaltung für einen Flachpass (Innenseitstoß).

Der Spannstoß

Wenn Druck und große Distanz gefragt sind, sollte der Ball mit dem Spann gespielt werden. Der hohe Spannstoß wird für lange Pässe über Gegenspieler verwendet, der flache Spannstoß vor allem beim Torschuss.

- Beim flachen Spannstoß steht das Standbein neben dem Ball. Man schießt mit nach unten gestreckter Fußspitze und fixiertem Fußgelenk.
- Der Ball wird mittig getroffen, und das Bein wird mit leicht gebeugtem Knie durchgeschwungen.
- Für den hohen Spannstoß sollte das Standbein leicht hinter dem Ball stehen. Auch hier sollte beim Ballkontakt die Fußspitze nach unten gestreckt und das Fußgelenk fixiert sein.
- Diesmal wird der Ball etwas unterhalb des Mittelpunktes gespielt. Wieder das Bein mit leicht gebeugtem Knie durchschwingen.
- Egal ob hoher oder flacher Schuss, das richtige Timing ist wichtiger als rohe Kraft.

Der Spannstoß
Das Standbein sollte neben dem Ball stehen. Die Fußspitze wird nach unten gestreckt, der Ball wird mittig getroffen, und das Bein wird durchgeschwungen.

Effet

Wird der Ball seitlich gespielt, bekommt er einen Drall und fliegt dadurch nicht mehr geradeaus, sondern in einem Bogen. Man kann den Ball mit dem Innen- oder Außenrist des Fußes auf diese Weise anschneiden. Wenn ein Rechtsfüßer mit dem Innenrist die rechte Seite des Balls spielt, wird der einen Bogen von rechts nach links beschreiben. Das ist die Technik, mit der David Beckham bei Freistößen so erfolgreich ist. Wenn der Spieler die linke Seite des Balls mit dem Außenrist spielt, fliegt der einen Bogen von links nach rechts.

In beiden Fällen stellt sich die Frage, wie stark der Ball abweichen wird? Die größte Schwierigkeit bei dieser Technik ist abzuschätzen, wie die Flugkurve von ihrem geraden Verlauf abweichen wird. Das hängt hauptsächlich davon ab, wie viel Tempo und Drall der Ball hat. Aber auch unterschiedliche Bälle oder Wind können einen Einfluss haben.

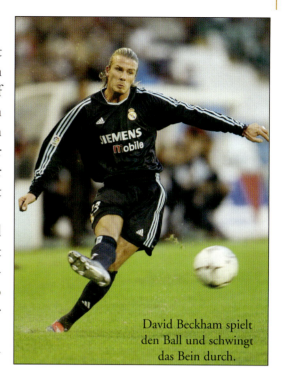

David Beckham spielt den Ball und schwingt das Bein durch.

- Das Anschneiden mit dem Innenrist ist leichter zu kontrollieren, deshalb sollte man dies zuerst üben.
- Der Ball wird ungefähr auf halber Höhe an der rechten Seite entlanggespielt (oder an der linken, mit dem linken Fuß).
- Bei Ballkontakt sollte der Fuß eine leichte Drehung um den Ball machen.
- Wird der Ball mit dem Außenrist angeschnitten, sollte die Fußspitze beim Ballkontakt nach unten gestreckt sein. Das Bein schwingt von außen nach innen am Körper vorbei, und der Ball wird auf halber Höhe gespielt.
- Bei angeschnittenen Bällen wird das Bein weit durchgeschwungen.
- Mit der gerade beschriebenen Technik bleibt der Ball flach. Wird der Ball seitlich, aber weiter unten gespielt, fliegt er höher.

Effet mit dem Außenrist

Wird der Ball mit dem Außenrist an der linken Seite gespielt, fliegt er einen Bogen von links nach rechts. Die Fußspitze sollte beim Ballkontakt nach unten zeigen, und das Bein muss weit durchgeschwungen werden.

Der Volleyschuss

Wenn der Ball durch die Luft kommt, kann man ihn entweder unter Kontrolle bringen oder direkt spielen. Für Letzteres – den Volleyschuss – sprechen Geschwindigkeit und Überraschung. Ob man einen Pass spielt oder auf das Tor schießt, ein Volleyschuss lässt den Gegnern weniger Reaktionszeit.

Es gibt im Wesentlichen drei Arten von Volley. Entweder kommt der Ball von vorne oder von der Seite, oder er ist so hoch, dass man mit beiden Füßen den Boden verlassen muss, um ihn zu erreichen.

Der Ball wird geschossen, bevor er den Boden berührt.

Der Vollspannstoß

Der Oberkörper sollte sich über dem Ball befinden. Mit nach unten gestreckter Fußspitze und fixiertem Fußgelenk wird der Ball mittig mit dem Spann getroffen. Das Bein wird mit leicht gebeugtem Knie durchgeschwungen. Die Körperhaltung ist entscheidend. Wenn man sich zurücklehnt und nach dem Ball streckt, gerät man unter den Ball und kann ihn nicht mehr flach halten. Für einen Verteidiger, der klären will, mag das in Ordnung sein, aber für einen Stürmer, der auf das Tor schießt, würde es bedeuten, dass der Ball weit über die Latte segelt.

Der Vollspannstoß

- Die Arme sind seitlich ausgestreckt, um die Balance zu halten.
- Die Augen sind auf den Ball gerichtet.
- Der Oberkörper befindet sich über dem Ball, um ihn flach zu halten.

Schusstechnik

Der Hüftdrehstoß

Gleichgewicht auf dem Standbein ist sehr wichtig, besonders für einen hüfthohen Volleyschuss, bei dem man leicht umfallen kann, wenn man den Ball spielt. Beim Ballkontakt dreht sich der Körper um das Standbein.

Der Ball wird mittig mit dem Vollspann gespielt. Im Zweifel sollte der Ballkontakt immer etwas zu hoch als zu tief sein, besonders beim Torschuss. Wen man unter den Ball gerät, wird er über das Tor segeln. Gerät man andererseits über den Ball, verliert er zwar etwas von seinem Tempo, aber es könnte immer noch genug sein, um den Torwart zu bezwingen.

Der Hüftdrehstoß
- Seitlich immer genug Platz lassen, um den Ball zu spielen.
- Das Bein nicht überstrecken.
- Das Standbein sollte auf Höhe des Balls sein.

TIPPS

Der Volleyschuss:
- **Die Position des Standbeines ist entscheidend für einen erfolgreichen Volleyschuss.**
- **Timing ist wichtiger als Kraft.**
- **Das Bein muss nicht so weit durchgeschwungen werden wie bei einem Schuss vom Boden, aber eine weiche Bewegung ist entscheidend, man sollte nicht nach dem Ball stoßen.**

Der Franzose Eric Cantona ist vollkommen im Gleichgewicht, als er den Ball spielt.

Das Timing muss perfekt sein.

Das zweite Bein dient zum Ausgleichen.

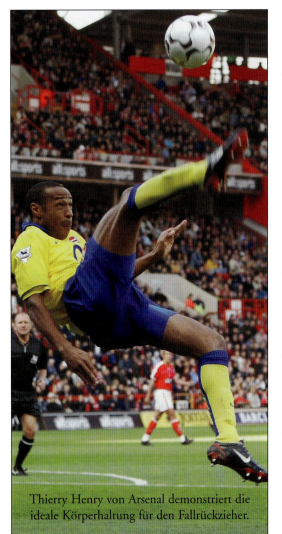

Thierry Henry von Arsenal demonstriert die ideale Körperhaltung für den Fallrückzieher.

Der Fallrückzieher

Das Schussbein sollte voll gestreckt sein. Der Ball wird ebenfalls mit dem Vollspann gespielt. Das andere Bein und die Arme fangen den Sturz ab, wenn man auf dem Boden landet.

Das Timing muss perfekt sein. Schon beim kleinsten Fehler findet man sich selbst flach auf dem Rücken wieder, und der Ball ist weit vom Ziel entfernt.

Hacke und Spitze

Da es schwierig ist, den Ball mit der Fußspitze zu kontrollieren, sollte man diese Technik möglichst vermeiden. Eine Ausnahme aber bildet ein Ball, der schon fast verloren ist. In so einer Situation kann es helfen, sich zu strecken und den Ball mit der Fußspitze am Gegner vorbeizuspitzeln, um in Ballbesitz zu bleiben. Ähnlich kann ein Stürmer einen freien Ball mit der Fußspitze gerade noch am herannahenden Torwart vorbei ins Tor bugsieren.

Auch mit der Hacke ist Genauigkeit schwer zu erreichen, und diese Technik sollte sparsam eingesetzt werden. Ein Spiel mit der Hacke kann aber einen großen Überraschungseffekt haben, weil es die erwartete Richtung eines Passes umkehrt. Stürmer, die mit dem Rücken zum Tor im Strafraum stehen, entscheiden sich in der Regel für eine Drehung oder legen den Ball einem Mitspieler vor. Aber auch Tore mit der Hacke hat es schon gegeben.

Eine Variante des Hackentricks ist, den Ball mit dem Innenrist hinter dem Standbein entlangzuspielen. Diese Technik ist besonders gut dafür geeignet, den Ball nach einem scharfen flachen Pass am kurzen Pfosten vorbei aufs Tor zu spielen.

Schusstechniken

Obwohl dies das schwierigste und akrobatischste Kunststück im Fußball ist, muss die ganze Aufmerksamkeit auf den Ball gerichtet bleiben.

Im Augenblick des Ballkontakts sollte das Spielbein gestreckt sein.

Lupfen

Spieler sind oft genötigt, den Ball auf engem Raum über einen Gegenspieler oder Torwart zu bekommen. Wenn der Ball zu viel Tempo hat, rollt er womöglich vom Spielfeld oder kullert harmlos zum Torwart durch. Wenn es wenig Platz gibt und man den Ball so spielen will, dass er nicht allzu weit wegspringt, dann ist Lupfen die richtige Technik. Ein gelupfter Ball steigt steil auf, aber der erzeugte Rückwärtsdrall sorgt dafür, dass er satt landet und nicht wegrollt. Diese Technik ist sehr gut geeignet, um den Ball hinter den letzten Verteidiger fallen zu lassen oder auch in Eins-gegen-eins-Situationen gegen den herauslaufenden Torwart.

- Das Standbein sollte nah am Ball stehen, die Knie leicht gebeugt.
- Der Fuß stößt mit dem Spann unter den Ball. Er sollte den Ball und den Boden zugleich berühren.
- Nur minimal durchziehen.
- Es ist erheblich leichter, einen Ball zu lupfen, der liegt oder angerollt kommt. Sehr viel schwerer ist es, einen Ball zu lupfen, der sich wegbewegt.

TIPPS

Der Fallrückzieher:
- Immer auf weichem Grund üben.
- Sollte nur gespielt werden, wenn kein Gegner in der Nähe ist.
- Zurücklehnen, bevor man sich in die Luft wirft.
- Das Spielbein sollte beim Ballkontakt voll gestreckt sein.

Lupfen
Das Standbein sollte sich nahe am Ball befinden, und die Fußspitze sollte gleichzeitig den Ball und den Boden berühren.

Passen

Vorbildlicher Flachpass mit durchgeschwungenem Bein. Passen ist die Basis des Spiels.

Großes individuelles Können ist immer sehr spektakulär anzusehen: ein verwirrendes Dribbling, ein Flugkopfball oder ein 30-Meter-Hammer ins Lattenkreuz. Statistisch gesehen sind das aber die Ausnahmen. Vier von fünf Ballkontakten eines Feldspielers enden mit einem Pass zu einem Mitspieler. Genaues Passen mit dem richtigen Timing ist unerlässlich für den Erfolg.

Auch wenn Bayern München und Borussia Dortmund – die erfolgreichsten deutschen Clubs der letzten zehn Jahre – über diesen Zeitraum einige brillante Einzelspieler beschäftigten, haben die Verantwortlichen beider Vereine immer Passspiel und Laufarbeit als grundlegende Faktoren ihres Erfolges genannt.

Gutes Passspiel setzt eine gute Technik voraus und verlangt immer wieder die richtige Entscheidung im richtigen Augenblick.

Entscheidungen...

Einem Spieler in Ballbesitz stehen in der Regel viele Möglichkeiten für einen Pass offen. Er muss diese abwägen, um zu entscheiden, welches der richtige Pass ist. Beim Fußball geht es immer darum, den Ball nach vorne zu bringen, also sollte der Pass nach vorne der bevorzugte sein, wenn er sich anbietet. Aber auch ein Pass zur Seite oder nach hinten kann sinnvoll sein, um in Ballbesitz zu bleiben oder das Angriffsgeschehen zu verlagern.

Solche unmittelbaren Entscheidungen lassen sich viel besser treffen, wenn man mit erhobenem Blick spielt. Gute Spieler haben schon, bevor sie den Ball bekommen, den Überblick über das Geschehen auf dem Platz.

Ein Feldspieler in Ballbesitz wird in vier von fünf Fällen als Nächstes zu einem Mitspieler passen. Der Innenseitpass ist meist der effektivste. Höhe, Stärke, Richtung und Zeitpunkt sind die entscheidenden Faktoren.

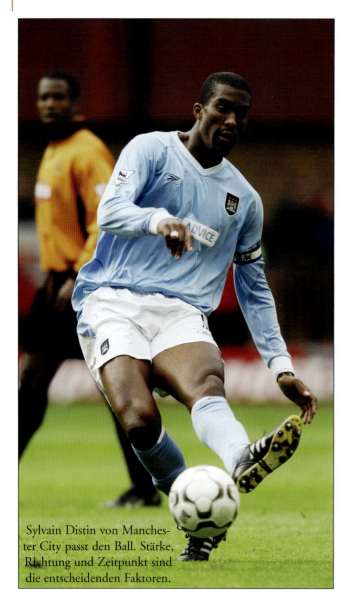

Sylvain Distin von Manchester City passt den Ball. Stärke, Richtung und Zeitpunkt sind die entscheidenden Faktoren.

Weg durch die Luft. Das sind die riskantesten Pässe, mit der höchsten Wahrscheinlichkeit zum Fehlpass, aber hohes Risiko kann auch hoch belohnt werden.

Stärke

Die Stärke eines Passes ist entscheidend. Ein zu schwacher Pass wird logischerweise sein Ziel nicht erreichen. Andererseits kann ein Ball, der einen Meter neben einen Mitspieler gepasst ist, schnell zu weit weg sein, wenn er zu viel Tempo hat.

Richtung

Die Richtung ist abhängig von den Umständen. In einer engen Spielsituation, in der Gegenspieler bereitstehen, um einzuschreiten, muss der Pass genau auf den Mitspieler treffen. Aber ein Ball auf den Mann ist nicht immer angemessen. Ein schneller Konterangriff würde zum Beispiel durch einen Pass direkt auf den Mitspieler seinen ganzen Schwung verlieren. Wenn Stürmer wie Thierry Henry oder Ronaldo einmal in Fahrt sind, können sie einen Pass in den freien Raum vor ihnen viel besser verarbeiten.

Zeitpunkt

Auch ein perfekt ausgeführter Pass kann völlig danebengehen, wenn er zu früh oder zu spät kommt.

Anders als für die anderen Faktoren sind für den richtigen Zeitpunkt Passgeber und Empfänger gleichermaßen verantwortlich. Der Empfänger muss sich anbieten und bereit sein, den Ball anzunehmen, und der Passgeber muss ihn genau in diesem Augenblick spielen. Eventuell nehmen die beiden Spieler Blickkontakt auf, um diesen Zeitpunkt abzupassen. Spieler, die gut aufeinander eingespielt sind, können sich oft ohne offensichtliche Signale abstimmen.

Höhe

Grundsätzlich ist ein Pass am Boden einem hohen vorzuziehen. Flachpässe sind schneller und können genauer platziert werden, was es für den Empfänger leichter macht. Ein hoher Pass nimmt nicht den direkten Weg zum Mitspieler, wodurch die Verteidiger mehr Zeit zum Reagieren haben. Das kann den Unterschied zwischen einem erfolgreichen und einem abgefangenen Pass ausmachen.

Dennoch kann auch ein hoher Pass von Vorteil sein, um einen oder mehrere Gegenspieler zu überwinden und den gewünschten Mitspieler zu erreichen. Experten für lange Pässe wie Michael Ballack oder David Beckham wählen zum Beispiel oft den

TIPPS

- Unbedingt Ballbesitz bewahren. Ein Rückpass kann eine gute Entscheidung sein.
- Üben, die Stärke eines Passes abzuschätzen. Sie ist so wichtig wie die Richtung.
- Den Ball in den freien Raum spielen, in den der Mitspieler laufen wird.

Passen

Der angreifende Spieler täuscht einen Pass an.

Täuschung

Wenn der Spieler am Ball seine Absichten deutlich macht, informiert er nicht nur seine Mitspieler, sondern auch seine Gegner. Deshalb sollte man vermeiden, Pässe für jeden ersichtlich zu spielen. Es gibt eine Reihe von Tricks und Techniken, um dies zu erreichen. Man kann Absatzkicks einstreuen, zu einem Mitspieler schauen und zu einem anderen passen oder Bewegungen antäuschen. Solch ein angetäuschter Pass verschafft dem Empfänger wertvolle zusätzliche Zeit am Ball.

Kurz vor dem Ballkontakt zieht er zurück. Wichtig ist, dass der ganze Körper sich so bewegt, als würde der Pass tatsächlich ausgeführt.

David Beckham wird beim Training von Real Madrid von Luis Figo attackiert. Im Spiel gerät man oft unter Druck, und es bleibt wenig Zeit für Entscheidungen. Daher ist es wichtig, sich schon vorher zu orientieren, wohin man passen will.

Der Gegenspieler ist getäuscht und damit aus dem Spiel. Das gibt Zeit und Raum, um einen gezielteren Pass zu spielen oder mit dem Ball weiterzulaufen.

Schießen

Perfekte Körperhaltung beim Schuss von Irenio Soares von Tigres (rechts) während des mexikanischen Pokalfinales.

Schießen

Das Sprichwort „Wenn du kein Los kaufst, kannst du nicht die Tombola gewinnen" wird oft auf das Schießen angewandt. Ziel des Spiels ist es, Tore zu erzielen, und eine Mannschaft, die nur selten auf das Tor schießt, wird kaum Erfolg haben. Gutes Angriffsspiel ist eine schöne Sache, aber es zählt nicht viel, wenn der Abschluss fehlt.

Wenn sich die Gelegenheit zum Schuss ergibt, sollte man sie ergreifen. Oft sieht man Spieler mit einer Torchance den Ball abgeben – und die Verantwortung. Aggressive Torjäger tun genau das Gegenteil. Ihr erster Gedanke gilt immer dem Tor. Erst wenn die Erfolgsaussichten sehr gering sind, erwägen sie andere Möglichkeiten. Solche Spieler werden oft als egoistisch bezeichnet, vor allem, wenn ihr Schuss das Tor verfehlt oder gehalten wird, aber auf lange Sicht werden sie belohnt. Es gibt zwar Spiele, in denen eine Mannschaft ein ganzes Dutzend Mal erfolglos auf das Tor schießt und der Gegner mit einem einzigen Versuch einen Treffer landet, aber das ist sehr selten. Statistisch gesehen gewinnt eine Mannschaft mit zehn oder mehr Torchancen fast immer das Spiel. Umso erstaunlicher ist, dass so viele Spieler gute Torgelegenheiten verstreichen lassen und den Ball abgeben, obwohl diese Tatsache bekannt ist.

Links: Bieten die gegnerischen Verteidiger in Tornähe auch nur etwas zu viel Raum, sollte man die Gelegenheit zum Torschuss sofort wahrnehmen.

Fußball – Technik und Taktik

Flache und präzise Torschüsse machen den Ball unerreichbar.

Checkliste Schießen

Aufmerksam sein. Man kann eine hervorragende Gelegenheit einfach verpassen, weil man eine gute Lücke nicht bemerkt hat. Also immer den Kopf hoch beim Spielen und im Blick behalten, was vor sich geht.

Selbstbewusst sein. Keine Angst vor dem Misslingen haben, nie eine gute Schussgelegenheit in einen schlechten Pass oder ein Dribbling verwandeln.

Schnell sein. Chancen kommen und gehen in Sekundenbruchteilen. Spieler, die nicht in Form sind oder denen es an Selbstbewusstsein mangelt, zögern oft am Ball oder machen einen Schritt zu viel. So kann man eine gute Torchance vertändeln. Ungefähr die Hälfte aller Tore fallen durch Direktschüsse.

Flach schießen. Dafür gibt es zwei Gründe. Donnernde Schüsse in die obere Ecke sehen spektakulär aus, aber das ist der bevorzugte Bereich des Torwarts. Außerdem kann ein missratener Flachschuss immer noch abgefälscht werden oder zu einem unbeabsichtigten Pass werden.

Platzierung gegen Kraft. Bei Schüssen aus kurzer Entfernung sollte die Genauigkeit Vorrang vor der Kraft haben. Distanzschüsse müssen Kraft haben. Immer in die Mitte des Tores zielen. Selbst wenn man den Ball Richtung Tormitte schießt, kann bei einer Strecke von 25 bis 30 Metern der kleinste Fehler oder Drall oder eine Luftbewegung dafür sorgen, dass der Ball gerade noch zwischen den Pfosten landet.

Mit beiden Füßen schießen. Wenn Verteidiger wissen, dass man nur mit dem stärkeren Fuß schießt, werden sie sich darauf konzentrieren, diese Seite zu decken. Gute Spieler trainieren das Schießen auch mit dem schwächeren Fuß, um mehr Möglichkeiten zu haben und für den Gegenspieler schwieriger einzuschätzen zu sein.

Vorausahnen. Exzellente Stürmer scheinen einen sechsten Sinn dafür zu haben, wo der Ball landen wird, und positionieren sich entsprechend. Auch wer noch nicht so weit ist, sollte versuchen zu spekulieren, zum Beispiel darauf, dass ein Mitspieler ein Kopfballduell gewinnt oder dass der Ball vom Pfosten oder vom Torwart zurückprallt.

TIPPS

- Keine Angst vor dem Versagen.
- Regelmäßig das Schießen mit dem „falschen" Fuß üben.
- Keine Gelegenheit zum Direktschuss vertändeln.
- Immer gelassen bleiben, auch unter dem Druck einer großen Torchance.
- Das Tor bewegt sich nicht. Man sollte sich also immer bewusst sein, wo das Ziel ist.

Schießen

Platzierung
Platzierung gegen Kraft. Bei Schüssen aus kurzer Distanz sollte die Genauigkeit Vorrang haben.

Kraft
Fernschüsse müssen Kraft haben. Chancen kommen und gehen in Sekundenbruchteilen. Immer bereit sein – die Hälfte aller Tore fallen durch Direktschüsse.

Englische Spieler springen in der Mauer hoch, um einen Freistoß von Artim Sakiri aus Mazedonien abzublocken.

Fußball — Technik und Taktik

Ballkontrolle

Der Niederländer Edgar Davids „tötet" den Ball mit seiner Brust.

Ballkontrolle

assen und Ballkontrolle sind zwei Seiten einer Medaille. Aus dem Pass wird der Ball, den ein Mitspieler annehmen und kontrollieren muss. Ein guter Pass sollte so platziert sein, dass der Empfänger es so leicht wie möglich hat. Aber auch weniger perfekte Pässe müssen natürlich angenommen werden. Deshalb müssen Spieler üben, Bälle anzunehmen, die einen Drall haben, unkontrolliert springen, sehr schnell sind oder in ungünstiger Höhe kommen.

Bevor der Ball ankommt, sollte man sich im Klaren sein, ob man ihn direkt weiterleiten oder unter Kontrolle bringen will. Wenn man sich für die zweite Option entscheidet, kommt es auf Schnelligkeit an. Eine gute Ballannahme ist lediglich ein Mittel zum Zweck. Tatsächlich geht es darum, was man als Nächstes mit dem Ball tut. Gute Ballkontrolle verschafft lediglich mehr Zeit und Raum, und diese wertvollen Vorteile sollten zu einem besseren Einsatz des Balles verhelfen. Je schneller man den Ball unter Kontrolle bringt, umso mehr Zeit bleibt, den nächsten Schritt auszuführen, sei es ein Pass, ein Dribbling oder ein Schuss.

Je weniger Berührungen benötigt werden, um den Ball zu kontrollieren, desto besser ist es also. Wie oft hört man Experten oder Trainer den guten (oder schlechten!) ersten Ballkontakt eines Spielers kommentieren. Sie wissen, dass der erste Kontakt zwischen Ball und Körper entscheidend ist – sei es mit dem Fuß, dem Oberschenkel oder der Brust. Die Ballkontrolle teilt sich in zwei Kategorien, Ballannahme und Ballmitnahme.

Ballannahme
Es ist wichtig, dass der Körper im Gleichgewicht und in der richtigen Position ist. Der Ball sollte mit der Brust abgefedert werden, damit er vor den Füßen auf dem Boden landet. Der Brustkorb muss im Augenblick des Aufpralls zurückgezogen werden, um dem Ball seinen Schwung zu nehmen.

Ballannahme

Hier geht es darum, den Ball zu „töten", sodass er in der eigenen Schrittdistanz bleibt. Lässt man den Ball zu weit abprallen, wird – vor allem in einer engen Spielsituation – aus einem angenommenen schnell ein freier Ball, und plötzlich muss man einen Gegner attackieren, um ihn zurückzuerobern.

Wichtig beim Stoppen ist, dass das Körperteil, das den Ball annimmt, beim Aufprall nachgibt. Eine starre Oberfläche lässt den Ball weit vom Körper springen. Man muss üben, die Muskeln zu entspannen und mit dem Fuß (oder dem Oberschenkel oder der Brust) im Moment des Aufpralls nachzugeben, um dem Ball seinen Schwung zu nehmen.

Ballmitnahme

Manchmal soll der Ball nicht vor den eigenen Füßen landen, sondern gleich mit der ersten Berührung in eine bestimmte Richtung bewegt werden. Startet man in den freien Raum und der Pass wird vom Mitspieler nicht perfekt in den Lauf, sondern auf den Körper gespielt, wird das angespielte Körperteil zur Ballmitnahme eingesetzt. Würde man den Ball erst stoppen, ginge der ganze Schwung des Angriffes verloren, und der Gegenspieler hätte Zeit zum Eingreifen. So aber wird der Ball mit Fuß, Brust oder Kopf direkt in den eigenen Lauf weitergeleitet und der Spurt aufs Tor ununterbrochen fortgesetzt.

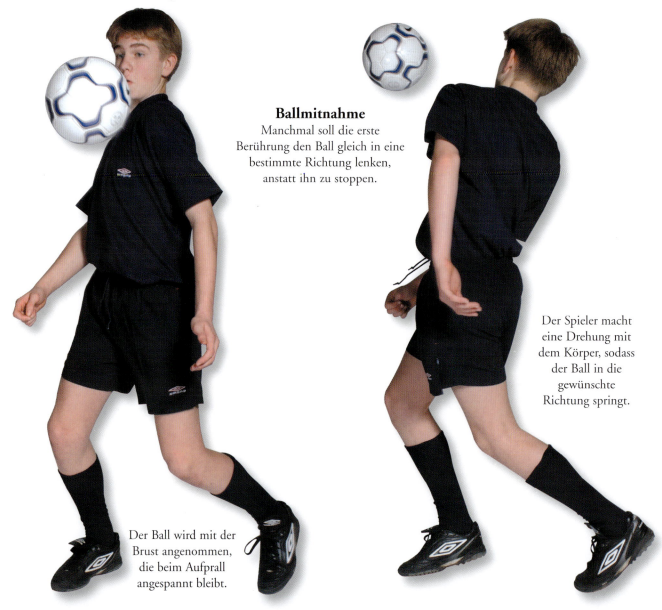

Ballmitnahme
Manchmal soll die erste Berührung den Ball gleich in eine bestimmte Richtung lenken, anstatt ihn zu stoppen.

Der Ball wird mit der Brust angenommen, die beim Aufprall angespannt bleibt.

Der Spieler macht eine Drehung mit dem Körper, sodass der Ball in die gewünschte Richtung springt.

Ballkontrolle

Ballmitnahme

Häufig nehmen Spieler einen hohen Ball mit der Brust an und stoßen ihn in den Raum vor sich, um hinterherzulaufen. Dazu wird der Brustkorb im Augenblick des Aufpralls vorgestoßen.

Wenn der Ball sehr schnell ist, gibt es oft keine andere Wahl, als den Körper starr zu halten und ihn zum Boden zu lenken. Dazu muss man gut über den Ball kommen.

Alan Shearer von Newcastle United lenkt den Ball mit der Brust. Es kostet eine Menge Übung, den Ball optimal weiterzuleiten.

Fußball — Technik und Taktik

Ballannahme

Die richtige Position

Egal, ob man sich nun für Ballannahme oder Ballmitnahme entscheidet, das Prinzip ist das gleiche. Man sollte so früh wie möglich entscheiden, mit welchem Körperteil man den Ball annehmen will, und den Körper in Richtung Ball bewegen. Immer dem Ball entgegengehen, nicht warten, bis er ankommt. Den Ball mit dem Körper vor dem Gegenspieler abschirmen. Man sollte den Ball zwar im Blick behalten, aber nicht seinen ganzen Weg beobachten. Man sollte sich also immer umsehen, während der Ball im Anflug ist. Man muss sich immer darüber im Klaren sein, was in der Umgebung passiert, bevor der Ball ankommt.

Selbst den besten Spielern misslingt gelegentlich die Balance zwischen der Ballkontrolle und der Überlegung, was damit zu tun ist. Vorsicht ist geboten bei einem einfachen Pass und ohne Druck durch einen Gegenspieler, da man sich schnell zu sehr auf den nächsten Schritt konzentriert und die Ballkontrolle vernachlässigt!

Mit der Fußsohle
So bringt man den Ball zum Stillstand. Genaues Timing ist wichtig, damit der Ball nicht vom Fuß springt oder darunter hindurchrutscht. Die Fußstellung ist dieselbe wie bei einem Innenseitstoß.

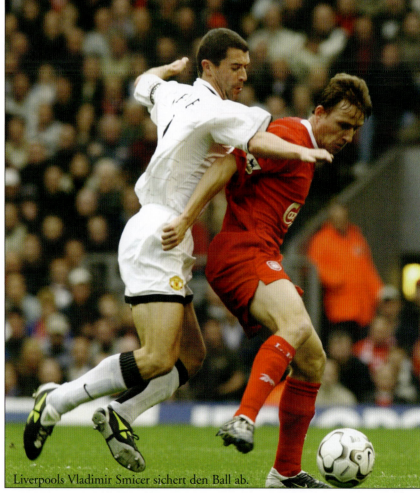

Liverpools Vladimir Smicer sichert den Ball ab.

Ballkontrolle

Ballannahme

◀ Mit dem Spann
Wird nur eingesetzt, wenn der Ball gerade von oben kommt. Der Fuß senkt sich mit dem Ball zum Boden und federt ihn so ab.

▲ Mit der Fußspitze
Letztes Mittel, wenn es nicht möglich ist, mit der Fußinnenseite anzunehmen. Da eine viel kleinere Oberfläche mit dem Ball in Berührung kommt, ist die Gefahr sehr groß, dass er im falschen Winkel oder zu weit wegspringt.

Mit der Innenseite ▲
Das ist die beliebteste und sicherste Methode, den Ball unter Kontrolle zu bringen. Die größte Fläche des Fußes trifft auf die Mitte des Balls und legt ihn direkt vor die Füße des Spielers. Das Bein wird mit der Flugrichtung des Balls nach hinten bewegt, um seinen Schwung aufzunehmen und ihn in die gewünschte Position zu bringen.

▲ Mit dem Oberschenkel
Zum Abfedern wird das Bein beim Aufprall des Balles gesenkt, sodass er vor den Füßen landet und nicht außer Reichweite springt.

Zusammenfassend kann man sagen, gute Ballkontrolle kann über Ballbesitz oder -verlust entscheiden, über das Nutzen oder Verpassen einer Angriffschance. Topspieler werden oft für ihre Fähigkeit gelobt, selbst in der engsten Spielsituation Zeit und Raum zu schaffen. Das sind Spieler mit einer exzellenten Ballkontrolle.

Ruud van Nistelrooy schirmt den Ball mit dem Körper ab.

Ballkontrolle

Wenn man in Ballbesitz ist, sollte man den Körper zwischen Gegenspieler und Ball halten und die Körperkraft einsetzen, um die Position gegen den herandrängenden Verteidiger zu behaupten. Gutes Gleichgewicht ist entscheidend.

Man darf den Ball abschirmen und jeden Versuch des Gegners vorbeizukommen abblocken, nur sollte man den Ball nahe bei sich behalten. Wenn sich der Ball außerhalb der Reichweite befindet, würde ein solches Verhalten als Behinderung bewertet und mit einem Freistoß geahndet.

TIPPS

- Wenn man einen Verteidiger im Rücken bemerkt, sollte man ihn im Unklaren über die Richtung lassen, in die man sich wenden will.
- Das Abschirmen des Balls kann wertvolle Zeit schinden, damit Mitspieler eingreifen oder sich für einen Pass anbieten können.
- Wenn der Gegenspieler sehr nah ist, kann man sich anlehnen und den Körper gegen ihn stemmen, um eine Drehung zu machen. Das ist besonders dann eine gute Möglichkeit, wenn man nur etwas Platz braucht, um zum Schuss zu kommen.

Den Ball abschirmen

Manchmal hat man viel Platz, um einen Ball anzunehmen oder zu spielen. Meistens ist aber ein Gegenspieler dicht dabei, der seine Gelegenheit zum Eingreifen sucht. Hier kommt das Abschirmen zum Zuge. Die goldene Regel ist: Halte deinen Körper zwischen Ball und Gegenspieler, um es dem Gegner schwerer zu machen, den Ball zu erobern, ohne ein Foul zu begehen.

Wenn bei der Ballannahme ein Verteidiger in der Nähe ist, sollte man den Ball mit der ersten Berührung von ihm wegbewegen. Das setzt natürlich voraus, dass man sich über die Anwesenheit des Verteidigers im Klaren ist! Ein kurzer Blick, während der Ball im Anflug ist, kann das klarstellen. Die obigen Beispiele zeigen, dass das Abschirmen des Balls Zeit gewinnt und die Möglichkeit gibt, ihn gewinnbringender einzusetzen.

Dribbeln

Cristiano Ronaldo von Manchester United ist einer der besten Dribbler.

Dribbeln bezeichnet nicht eine bestimmte Fertigkeit. Es beinhaltet alle Maßnahmen, die einen Spieler an seinem Gegner vorbeibringen, ohne dass er den Ball verliert. Jeder Spieler entwickelt seine individuellen Methoden, um seine Gegner zu überwinden, aber es gibt dennoch einige gemeinsame Bestandteile, die sich immer wieder beobachten lassen.

Dribbeln ist eine riskante Angelegenheit. Auch die besten – wie zum Beispiel Zidane oder Ronaldinho – verlässt manchmal ihr Glück. Es ist besser, einen Spieler zu umdribbeln und dann einen guten Pass zu platzieren, als drei Gegner zu überwinden, um schließlich den Ball an den vierten zu verlieren.

Weil es so riskant ist, sollte man das Dribbeln am besten auf die gegnerische Spielhälfte beschränken. Dort ist es besonders dann sinnvoll, wenn alle gegnerischen Verteidiger zurückgelaufen sind und jeder Angreifer eng gedeckt wird. Für jeden umspielten Verteidiger muss ein anderer seine Position aufgeben und um den Ball kämpfen. Dafür lässt er womöglich einen unbewachten Mitspieler oder offenen Raum zurück.

Wann sollte gedribbelt werden?

Es ist sehr gefährlich, im Mittelfeld, in der Verteidigung oder sogar im eigenen Strafraum zu dribbeln. Wenn ein Torwart den Ball um einem Stürmer herumspielt, dann sieht das toll aus und bringt ihm Jubel von den Fans ein, aber es kann auch passieren, dass er den Ball verliert – mit dramatischen Folgen. In dem Fall hat ein Torwart oder seine Mitspieler keine Chance, den Ball zurückzuerobern, und ein Gegentor ist fast sicher.

Finten

Bei einer Finte geht es darum, den Gegner glauben zu machen, dass man in die eine Richtung will, um dann in eine ganz andere zu laufen. Es gibt eine Vielzahl von Tricks, um dies zu erreichen, aber ihnen allen gemeinsam ist der Einsatz übertriebener Körperbewegungen.

Erfolgreiches Dribbeln

Den Ball eng führen
Wenn man sich den Ball zu weit vorlegt, macht man es dem Verteidiger leicht einzugreifen.

Kopf hoch
Es ist wichtig, immer den Überblick über Mitspieler und Gegner zu bewahren.

Mit Tempo angreifen
Ein schneller Stürmer mit dem Ball am Fuß ist der Albtraum jedes Verteidigers. Wenn man nicht die atemberaubende Beschleunigung eines Thierry Henry oder Ronaldo hat, können Tempowechsel genauso effektiv sein.

Die Richtung wechseln
Ständiges Hakenschlagen ist ein Weg, einen Verteidiger in Atem zu halten. Je öfter er seine Schrittfolge anpassen muss, desto größer ist die Chance, ihn aus dem Gleichgewicht zu bringen.

Den Ball abschirmen
Immer den Körper zwischen Verteidiger und Ball bringen. Das macht es dem Gegenspieler sehr viel schwerer, in Ballbesitz zu kommen, ohne ein Foul zu begehen.

Tricks und Finten benutzen
Finten sind für sich genommen schon ein großes Kapitel. Kurz gesagt bedeutet es, dass man eine Sache vortäuscht und eine andere macht. Man schickt seinen Gegner zum Beispiel in eine Richtung und will in Wirklichkeit in eine andere.

Mit beiden Füßen spielen
Die meisten Spieler haben einen starken und einen schwächeren Fuß. Wenn man aber immer nur einen Fuß zum Schießen benutzt, kann sich der Gegner schnell darauf einstellen. Genauso sollte man nicht versuchen, immer auf der gleichen Seite am Gegner vorbeizukommen. Je länger man den Gegner im Unklaren lässt, desto größer ist die Chance, ihn zu überwinden.

1. Wenn man sich dem Verteidiger nähert, neigt man seinen Körper nach links, damit es so aussieht, als liefe man in diese Richtung.

3. Mit diesem Fuß abstoßen und links am Gegenspieler vorbeiziehen. Der Ball wird dabei mit dem linken Fuß gespielt.

Dribbeln

Körpertäuschung

Wie man sich denken kann, ist dies primär eine Oberkörperfinte.

2. Ein übertriebenes Absenken des Oberkörpers zur Seite lässt den Verteidiger glauben, man plane, in diese Richtung zu laufen.

3. Wenn der Verteidiger reagiert, schwenkt man zur anderen Seite und läuft rechts an ihm vorbei.

2. Stattdessen schwingt man den Fuß über den Ball und stellt ihn auf den Boden.

Der Übersteiger

1. Man gibt vor, den Ball mit dem rechten Außenrist zu spielen.

Fußball — Technik und Taktik

Der Zurückzieher

1.
Der Fuß wird auf den Ball gestellt.

2.
Wenn der Verteidiger angreift, wird der Ball zurückgezogen.

Mit der Sohle zurückziehen

Der Angreifer nutzt die Fußsohle, um den Ball zurückzuziehen. Das ist besonders effektiv, wenn ein Verteidiger mit hohem Tempo neben einem läuft. Wenn man plötzlich stoppt und den Ball zurückzieht, rast der Verteidiger vorbei und ist zumindest für den Moment keine Bedrohung mehr. Der ehemalige Weltfußballer des Jahres Zinedine Zidane hat das doppelte Zurückziehen des Balles perfektioniert. Nach dem ersten Zurückziehen des Balles mit dem einen Fuß dreht er sich und zieht ihn nochmals mit dem anderen Fuß zurück. Da das zwei schnelle Richtungswechsel aufeinander bedeutet, ist es ziemlich verwirrend für Verteidiger. Es ist auch ziemlich schwer durchzuführen. Man sollte erst das einfache Zurückziehen des Balles üben, bevor man auch nur daran denkt, es doppelt zu versuchen.

Finten

Finten sind ein wesentlicher Teil der Dribbelkunst. Es geht darum, den Gegner glauben zu machen, dass man in die eine Richtung will, um dann in eine ganz andere zu laufen. Es gibt eine Vielzahl von Tricks, um das zu erreichen. Ihnen allen gemeinsam ist der Einsatz übertriebener Körperbewegungen. Verteidiger sollen sich auf den Ball konzentrieren, nicht auf die Körperbewegungen.

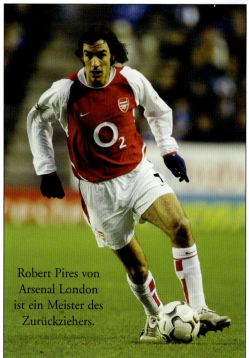

Robert Pires von Arsenal London ist ein Meister des Zurückziehers.

Dribbeln

3.
Der Verteidiger ist getäuscht und aus dem Gleichgewicht. Man kann in den Raum zur Seite weiterlaufen.

TIPPS

Dribbeln üben:

- Innen- und Außenrist von beiden Füßen sollten eingesetzt werden.

- Der Ball darf nicht zu weit vorgelegt werden. Gute Kontrolle bedeutet, den Ball immer in Spieldistanz zu halten. Das erreicht man mit vielen leichten Tritten gegen den Ball, nicht mit wenigen harten!

- Man sollte sich nicht so sehr auf den Ball konzentrieren, dass man nicht mehr weiß, wo der nächste Kegel steht (oder der gegnerische Spieler). Kopf hoch beim Spiel.

Trotzdem reagieren selbst die besten Verteidiger auf Finten und lassen sich so austricksen. Es gibt viele Variationen von Finten. Wenn man Spieler wie Ronaldinho, Zidane oder Figo in Aktion beobachtet, sieht man, wie sie alle aus den grundlegenden Techniken ihren eigenen Stil entwickelt haben. Warum also nicht selbst auch mit ein paar eigenen Ideen experimentieren?

Üben

Eine der besten und einfachsten Methoden, Dribbeln zu üben, ist, eine Reihe von Kegeln zu umspielen. Man kann verschiedene Slalomkurse mit den Kegeln aufbauen. Am Anfang sollten sie weiter auseinander stehen, weil sie dann leichter zu überwinden sind. Mit der Zeit kann man sie enger zusammenstellen. Das macht die Wendungen viel schärfer und ist eine wirkliche Herausforderung an die Ballkontrolle.

Enge Ballführung beim Dribbeln im Kegelparcours.

Tackling und Verteidigen

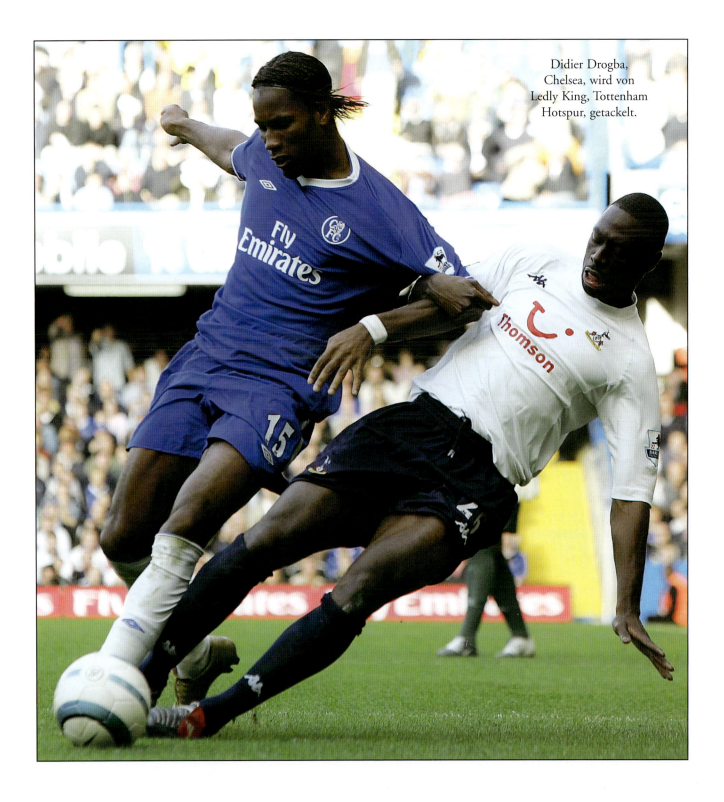

Didier Drogba, Chelsea, wird von Ledly King, Tottenham Hotspur, getackelt.

Tackling und Verteidigen

Nur attackieren, wenn man sicher ist, den Ball gewinnen zu können. Mit der Position manövrieren und auf den richtigen Augenblick zum Zuschlagen warten.

Verteidigen beinhaltet weit mehr als nur Tackling. Tackling bezeichnet die Techniken (z. B. Grätschen), die man einsetzen kann, um den Gegner vom Ball zu trennen. Beim Verteidigen geht es um weit mehr. Es gilt, Entscheidungen zu treffen und Positionen einzunehmen, aus denen man den Ball gewinnen oder den Gegner am Schuss hindern kann.

Tackling

Man sollte nur tackeln, wenn man sicher ist, dass man den Ball gewinnen kann. Immer den Ball im Auge behalten, nicht die Finten und Täuschungsmanöver des Gegenspielers. Wenn man andererseits selbst ein Tackling antäuscht, kann das genau den Fehler auslösen oder die Lücke bringen, auf die man wartet. Mit der Position manövrieren und im richtigen Augenblick zuschlagen. Man kann den Gegner zum Beispiel mit dem eigenen Körper in weniger gefährliche Regionen drängen.

Wenn man sich dann zum Tackling entscheidet, sind Schnelligkeit, Entschlossenheit, Genauigkeit und Timing die entscheidenden Faktoren. Wenn einer davon fehlt, hat man geringere Chancen, den Ball zu gewinnen. Man begeht dann schnell ein Foul.

Rechts: Ein Tackling mit perfektem Timing.

Blocken des Balles

Das Blocken ist die häufigste Attacke im Fußball. Sie kann von vorne oder von der Seite ausgeführt werden. In beiden Fällen wird der Ball mit der Innenseite geblockt. Wenn beide Spieler den Ball gleichzeitig treffen, wird nicht unbedingt der größere und stärkere Spieler gewinnen. Bei kleineren Spielern wirkt sich der tiefere Schwerpunkt zum Vorteil für den Ballgewinn aus.

Um von vorne zu blocken, sollte man das Standbein neben dem Ball positionieren und das gesamte Körpergewicht in das Spielbein legen. Wenn man neben dem Gegenspieler herläuft, muss man eine Drehung auf dem Standbein machen, um das Spielbein in die richtige Position zum Blocken zu bringen. Solch ein Eingreifen fällt natürlich schwächer aus, weil das Körpergewicht nicht zum Blocken eingesetzt wird.

Wenn beide Spieler gleichzeitig den Ball erreichen, ist eine gute Position mit dem Körpergewicht über dem Ball wichtig.

Um den Ball zu gewinnen, muss die Fläche des Fußes, die mit dem Ball in Berührung kommt, so groß wie möglich sein. Das ganze Körpergewicht in das Spielbein legen.

Der Ball wird über den Fuß des Gegners gestoßen.

Gleittackling

Grundsätzlich sollte man immer auf den Füßen bleiben. Sobald man zu Boden geht, und sei es nur für ein paar Sekunden, ist man raus aus dem Spiel. Deshalb sollte man sich für solch ein Tackling nur entscheiden, wenn man sich des Erfolges sicher ist oder wenn man keine andere Wahl hat.

Am häufigsten wird von der Seite gegrätscht. Der Verteidiger muss immer darauf achten, dass er nicht das Bein des Angreifers vor dem Ball berührt, sonst gibt es einen Freistoß. Die Aussicht auf eine saubere Attacke ist größer, wenn der Verteidiger das äußere, dem Spieler in Ballbesitz abgewandte Bein benutzt. Das verbessert außerdem auch die Position zum Grätschen. In der Praxis neigen aber selbst die besten Verteidiger dazu, immer mit ihrem stärkeren Bein zu grätschen.

Es ist nicht so schwierig, den Gegner durch ein Tackling vom Ball zu trennen. Gleichzeitig aber noch in Ballbesitz zu gelangen ist nicht ganz so einfach. Wenn das Timing perfekt ist, kann man den Fuß um den Ball haken und ihn so in Besitz nehmen. Meistens wird die Grätsche aber einfach benutzt, um einen Gegenspieler vom Ball zu trennen. Der Ball wird entweder ins Aus befördert oder in den Raum, wo ein Mitspieler versuchen kann, den Ballbesitz zu übernehmen.

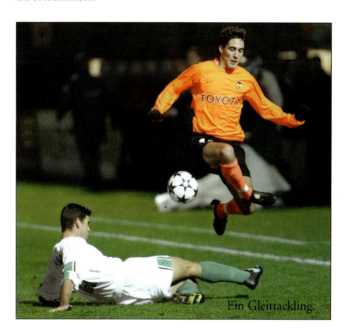

Ein Gleittackling.

Niemals von zu weit hinten tackeln.

Wenn das Timing stimmt, kann man den Fuß um den Ball haken und ihn in Besitz nehmen.

Verteidigen

Man sollte nie vergessen, dass Verteidigen nicht das alleinige Reich der Abwehrspieler ist. Gute Mannschaften verteidigen von vorne. Das bedeutet, dass die Stürmer – die man auch als die erste Linie der Abwehr sehen kann – die Ersten sein sollten, die Druck auf den Ball ausüben. Möglicherweise stehen ein oder zwei Stürmer gegen drei oder vier Verteidiger, sodass der Stürmer kaum in Ballbesitz gelangt. Stürmer können den Verteidigern aber immer Zeit und Raum nehmen, ihre Möglichkeiten einschränken, und sie vielleicht dazu bringen, einen Fehler zu machen.

Selbstverständlich muss ein Abwehrspieler immer zwischen dem Tor und dem Spieler in Ballbesitz stehen, wenn er ihn attackieren oder abriegeln will. Außer dem Tackling gibt es noch einige andere Tricks, um die Torgefahr zu verringern oder die eigene Mannschaft wieder in Ballbesitz zu bringen.

Abfangen. Immer bereit sein für einen zu schwachen oder fehlgeleiteten Pass. Wenn man den Ball abfangen kann, bevor er sein Ziel erreicht, muss man den Gegenspieler nicht mehr attackieren.

Den Gegenspieler am Drehen hindern. Ein Spieler, der einen Ball annimmt, ist eine viel größere Gefahr, wenn er sich einmal umgedreht hat. Der Verteidiger sollte schnell reagieren und versuchen, bis auf Tuchfühlung an den Gegner heranzukommen, bevor der Ball ihn erreicht. Bleibt er viel weiter weg, hat der

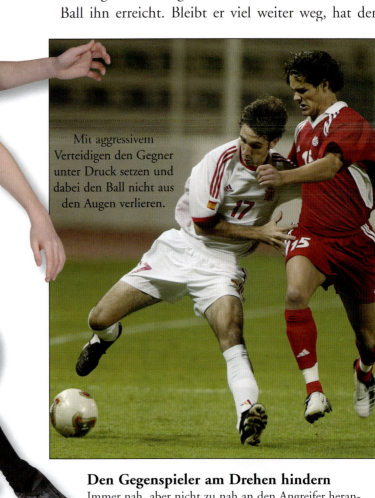

Mit aggressivem Verteidigen den Gegner unter Druck setzen und dabei den Ball nicht aus den Augen verlieren.

Den Gegenspieler am Drehen hindern
Immer nah, aber nicht zu nah an den Angreifer herankommen. Hier (links) hat der Verteidiger keinen freien Blick auf den Ball, und eine schnelle Bewegung des Angreifers könnte ihn aus seiner Reichweite befördern.

Angreifer Platz, um sich zum Passen, Dribbeln oder Schießen zu positionieren. Kommt er zu nah, wird es schwierig, den Ball im Auge zu behalten, und der Gegner kann mit einer schnellen Bewegung außer Reichweite geraten, bevor er reagieren kann.

Den Gegenspieler in weniger gefährliche Regionen drängen. Wenn es einem Verteidiger gelingt, seinen Gegenspieler zur Seitenlinie oder zurückzudrängen, nimmt er damit den Schwung des Angriffs. Außerdem gewinnt er Zeit, damit seine Mitspieler Positionen einnehmen können, um weitere Angreifer abzuschirmen und mögliche Pässe abzufangen.

Taktieren und geduldig sein. Selbst wenn es dem Angreifer gelungen ist, sich zu drehen, muss er danach etwas mit dem Ball tun. Je länger er den Ball behält, desto größer ist die Chance, dass er einen Fehler macht. Nicht unnötig reingrätschen und das Problem für ihn lösen. Auf den richtigen Augenblick warten, einen momentanen Verlust der Kontrolle abpassen und das Schicksal beim Schopf packen.

Einmal am Boden, befindet man sich plötzlich in der Zuschauerrolle und kann dem Torschuss der Angreiferin nur noch hinterherschauen.

Fußball — Technik und Taktik

Kopfballspiel

Frank Lampard von Chelsea beim Kopfball gegen Gary Kelly von Leeds.

Fußballpuristen sind oft der Meinung, dass Fußball am Boden und nicht in der Luft gespielt werden soll. Nichtsdestoweniger ist ein hoher Ball manchmal genau die richtige Wahl. Ist der Ball einmal in der Luft, werden beide Mannschaften um ihn kämpfen. Wer dann wartet, bis der Ball landet, kann leicht den Ballbesitz verlieren oder gar ein Tor kassieren. Was immer die Puristen sagen, Kopfballspiel ist eine Fähigkeit, die Spiele entscheiden kann.

Statistisch sind 20 % aller Tore Kopfballtore. Im Finale der Weltmeisterschaft 1998 stieg der Prozentsatz sogar auf 66, nachdem Zinedine Zidane zwei der drei Tore, die Frankreich den Titel brachten, mit dem Kopf erzielt hatte. Zidane gilt mit dem Ball am Fuß als einer der größten Künstler im Fußball, aber in diesem Fall war es sein überragendes Können in der Luft, das zum Sieg über Brasilien verhalf.

Den Ball mit dem Kopf zu spielen ist kein natürliches Verhalten. Man kann oft beobachten, dass Kleinkinder einen Ball mit dem Fuß herumtreten, aber man wird nie sehen, dass sie einen Ball köpfen. Scheinbar wird ein unwillkürlicher Selbstschutzmechanismus ausgelöst, wenn etwas auf unser Gesicht zufliegt. Wir schließen die Augen und drehen uns weg – genau das, was man beim Kopfball nicht tun darf.

Es gibt wesentliche Punkte, die zu beachten sind, wenn man den Ball köpft:

Mit der Stirn köpfen
Sie bietet eine relativ große Fläche, wodurch es leichter ist, die Richtung des Kopfballs zu kontrollieren. Der Schädel ist hier am dicksten, sodass auch ein hart gespielter Ball nicht weh tun wird. Da man den Ball direkt über den Augen köpft, kann man ihn bis zum Augenblick des Ballkontakts beobachten.

Die Augen offen lassen
Man kann auf Fotos sehen, dass selbst Profis im Augenblick des Ballkontakts ihre Augen schließen. Das ist ganz normal. Dennoch sollte man versuchen, den Ball so lange wie möglich im Blick zu behalten.

Zum Ball gehen
Aktiv sein. Dem Ball entgegengehen, nicht warten, bis er ankommt. Das ist nicht nur eine Frage der Technik. Wenn man einfach auf den Ball wartet, ist die Gefahr viel größer, dass er abgefangen wird.

Fußball — Technik und Taktik

Bogenspannung und mit dem Kopf nicken

Indem man in die Bogenspannung geht (den Oberkörper zurücknimmt) und im Augenblick des Ballkontakts nach vorne schnellt, gibt man dem Kopf Stoßkraft, wenn er den Ball trifft. Noch mehr Druck kann man erzeugen, indem man mit der Nackenmuskulatur den Kopf zusätzlich beschleunigt.

Es ist sehr schwierig, die vier Punkte mit einem bewegten Ball zu üben. Sinnvoll ist es, zunächst mit einem statischen Ball an einer guten Technik zu arbeiten. Das geht besonders leicht, wenn man einen Ball in passender Höhe aufhängt. Hat man so ein gutes Timing entwickelt, kann man dazu übergehen, leichte, von einem Trainingspartner geworfene Bälle zu köpfen.

Links: Titus Bramble von Newcastle gewinnt das Kopfballduell mit Thierry Henry von Arsenal.

Defensiver Kopfball

Bis zum Moment des Ballkontakts die Augen offen halten. Die Arme für die Hebelwirkung einsetzen, aber nicht zu hoch heben, weil dies leicht als Foulspiel ausgelegt werden kann. Bei einem defensiven Kopfball sollte man versuchen, den Ball unterhalb seines Zentrums zu treffen. Trifft man zu hoch, fliegt der Ball nach unten. Trifft man zu tief, steigt der Ball steil nach oben auf, fliegt aber nicht weit.

Verschiedene Arten des Kopfballs

Defensiver Kopfball. Hier kommt es auf maximale Kraft und Distanz an. Die Richtung ist weniger wichtig, obwohl es generell besser ist, den Ball weit nach außen zu befördern als in die Mitte des Feldes. Optimal ist es, wenn der Ball den Weg zu einem Mitspieler findet.

Man sollte versuchen, den Ball knapp unterhalb seines Zentrums zu treffen. Trifft man zu hoch, köpft man den Ball nach unten und möglicherweise einem Angreifer vor die Füße. Trifft man zu tief, steigt der Ball steil nach oben auf, fliegt aber nicht weit.

Kopfball zum Tor. In diesem Fall ist die Genauigkeit natürlich viel wichtiger. Immer bedenken, dass ein Kopfball nach unten dem Torwart die größten Schwierigkeiten bereitet. Deshalb sollte man den Ball knapp oberhalb seines Zentrums treffen.

Wenn man platziert köpfen will, kann man zum einen mit vollem Ballkontakt zum kurzen Pfosten zielen oder den Schwung des Balls nutzen, um ihn mit der Stirn zum langen Pfosten zu lenken. Der genaue Grad der Abfälschung ist nicht leicht zu bestimmen – aber damit ist er auch für Verteidiger oder Torwart nicht leicht vorauszusehen.

Mit dem Kopf anstoppen. Wenn ein Verteidiger zum Torwart zurückspielt oder ein Spieler seinem Teamgefährten den Ball vorlegen will, kann ein zu schneller Ball Schwierigkeiten machen. In so einem Fall sollte man die Rücken- und Nackenmuskulatur entspannen und bei Ballkontakt leicht nachgeben. Anstatt Kraft zu erzeugen, nimmt man dem Ball einiges von seinem Tempo und macht dem Empfänger das Leben leichter.

Offensiver Kopfball

Ein Kopfball nach unten bereitet dem Torwart die größten Schwierigkeiten. Für einen offensiven Kopfball nach unten sollte der Ball knapp oberhalb seines Zentrums geköpft werden. Offensiv sein. Zum Ball gehen, nicht warten, bis er ankommt. Statistisch sind ungefähr 20 % aller Tore Kopfballtore.

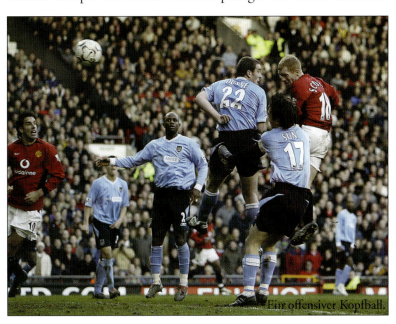

Ein offensiver Kopfball.

TIPPS

- Dem Ball entgegengehen, nicht warten, bis er ankommt. Wenn man den Ball mit der Stirn richtig trifft, wird es nicht schmerzen.
- Den Ball immer im Blick halten.
- Wegen des besseren Gleichgewichts wenn möglich stehend köpfen.
- Wegen der Hebelwirkung gehen die Arme nach hinten und nach unten, wenn der Körper vorwärts schnellt. Vorsicht mit den Ellbogen.

Fußball — Technik und Taktik

Der Torwart

Fabien Barthez (Frankreich) fängt sicher einen hohen Ball.

Der Torwart

ls letztes Glied der Abwehr kann der Torwart Gewinner oder Verlierer sein, oft sogar beides im selben Spiel! Großartige Paraden können Spiele entscheiden, Fehler werden fast immer bestraft.

Viele halten Oliver Kahn für den besten Torwart der letzten Dekade. Zu seiner besten Zeit sagte man ihm nach, dass er für seine Mannschaft zehn Punkte pro Saison wert sei. Das kann den Unterschied zwischen Meisterschaft und Platz am Tabellenende ausmachen.

Den Strafraum beherrschen

Schnelligkeit, Beweglichkeit, blitzartige Reaktionen und hervorragende Ballsicherheit sind einige der Fähigkeiten, die ein guter Torwart haben muss. Das ist aber längst noch nicht alles. Ein Torwart muss mutig genug sein, auch im Angesicht heranfliegender Stürmerbeine zum Ball zu gehen. Die besten Torwarte beherrschen physisch ihren Strafraum! Ein entschiedener, bestimmender Torwart macht den Verteidigern das Leben viel leichter. Man kann beobachten, dass Kahn und andere Spitzenkeeper ständig ihre Mitspieler anbrüllen. Sie sind am besten platziert, um drohende Gefahr frühzeitig zu erkennen. Ein dominierender Torwart flößt seinen Feldspielern Selbstvertrauen ein, und eine gute Abwehr basiert auf Selbstvertrauen wie auf technischen Fähigkeiten und gutem Stellungsspiel.

Eine weitere Qualität ist die Konzentration. Ein Torwart bekommt oft lange nichts zu tun und steht dann plötzlich vor einer gefährlichen Eins-gegen-eins-Situation. Deshalb ist es entscheidend für einen Torwart, ständig auf das Spiel konzentriert zu bleiben.

Immer bereit sein und gut ausbalanciert auf den Fußballen stehen – nicht auf den Fersen. Die Knie sind leicht gebeugt.

Schnelligkeit, Beweglichkeit, blitzartige Reaktionen und hervorragende Ballsicherheit sind die Qualitäten, die ein guter Torwart mitbringen muss.

Fußball — Technik und Taktik

Schüsse halten

Der Torwart sollte so viel Körperfläche wie möglich hinter den Ball bekommen. Zwei Hände sind daher besser als eine, und wenn der Körper sich als zweite Barriere hinter den Händen befindet, umso besser. Natürlich ist das nicht immer möglich, und am wichtigsten ist es, irgendetwas hinter den Ball zu bekommen, sei es eine Hand, die Fingerspitzen oder gar ein ausgestrecktes Bein.

Flachschüsse

Bei Flachschüssen gehen die meisten Torwarte auf ein Knie, um den Ball mit beiden Händen aufzunehmen. Andere beugen den Rücken und bücken sich. Auch wenn das eine Frage der persönlichen Vorliebe ist, ist doch die erste Technik die sicherere und sollte auf jeden Fall bei schwierigen Bedingungen oder unebenem Untergrund bevorzugt werden.

Niedrige Schüsse

Bei Schüssen zwischen Knie- und Brusthöhe sollte man den Körper hinter den Ball bringen und ihn mit beiden Händen an die Brust ziehen. Wenn der Schuss niedrig ist, wird man vielleicht nach vorne fallen, aber der Ball wird sicher an der Brust liegen.

Schüsse in Brusthöhe

Zwei Techniken sind verbreitet. Die eine ist, die Hände um den Ball zu schließen, wenn er den Brustkorb trifft. Der Körper sollte beim Aufprall nachgeben, um eine weiche Oberfläche zu bieten und den Ball zu „schlucken". Die Gefahr

Schüsse in Brusthöhe oder direkt auf den Torwart sind besonders leicht zu halten.

Flach zur Seite hechten
Wenn es nicht möglich ist, den Körper ganz hinter den Ball zu bekommen, ist es besonders wichtig, seine Flugbahn zu beobachten und ihn mit den Handflächen nach unten zu fangen.

dabei ist jedoch, dass der Ball von der Brust abprallt, bevor der Torwart ihn halten kann. Deshalb ziehen es manche Keeper vor, den Ball vor dem Körper zu fangen. Dabei sind die Finger gespreizt und zeigen nach oben. Die Hände geben beim Fangen nach.

Der Torwart

Hechten
Kommt der Ball hoch und seitlich, muss man mit dem Bein abspringen, das dem Ball am nächsten ist, und ihn möglichst mit beiden Händen fangen. Wenn man den Ball nur mit einer Hand erreichen kann, kann man ihn mit der offenen Handfläche und den ausgestreckten Fingern über die Latte oder um den Pfosten lenken.

Hohe Bälle fangen
Man sollte den Ball am höchstmöglichen Punkt fangen. Je tiefer er herunterkommt, desto verwundbarer wird man für eine Attacke. Die größte Höhe erreicht man mit einem einbeinigen Sprung. Der hat außerdem noch den Vorteil, dass das Schwungbein einen gewissen Schutz bietet. Die Finger sollten weit gespreizt und nicht zu sehr angespannt sein. Man sollte den Ball so schnell wie möglich an die Brust ziehen.

Hechten
Bei Schüssen, die so weit am Torwart vorbeigehen, dass er nicht mit dem Körper hinter den Ball kommen kann, wird er womöglich hechten müssen, um sie noch zu halten. Dabei mit dem Bein abspringen, das dem Ball am nächsten ist, und versuchen, ihn möglichst mit beiden Händen zu fangen.

Fangen oder Fausten?
Solange man den Ball sicher fangen kann, ist dies immer die beste Option. Ein schlecht gefausteter Ball kann einem Angreifer direkt auf dem Fuß landen und ein über die Latte oder um den Pfosten gelenkter Ball bedeutet immer einen Eckball. Unter Druck – im Zweikampf mit einem großen Stürmer zum Beispiel – kann Fausten aber auch die bessere Wahl sein. Manche Torwarte verwenden eine Faust, andere zwei, wesentlich ist, immer maximale Höhe und Distanz zu erreichen. Es ist sicherer, den Ball nach außen Richtung Seitenlinie zu fausten, als ihn in die Mitte des Feldes zu befördern. Wenn ein präzise geschossener Ball nur noch knapp zu erreichen ist, sollte man versuchen, den Ball mit der offenen Handfläche und ausgestreckten Fingern zu berühren und ihn über die Latte oder um den Pfosten zu lenken.

Selbst bei voller Körper- und Armstreckung sind manche Bälle nicht zu halten.

Fußball — Technik und Taktik

Stellungsspiel

Ein Torwart sollte ständig seine Position verändern, abhängig von der Position des Balls. In der Theorie sollte der Torwart immer auf einer direkten Linie zwischen dem Ball und der Mitte des Tores stehen.

Genau wie er sich von links nach rechts bewegt, muss ein Torwart auch immer bereit sein, herauszulaufen. Wenn ein Angreifer auf das Tor zuläuft, muss der Torwart versuchen, ein so großes Hindernis wie möglich darzustellen. Gleichzeitig schränkt er so die Sicht des Angreifers auf das Tor ein. Das Verkleinern des Schusswinkels ist eine entscheidende Waffe im Repertoire des Torwarts, aber sie ist nicht ohne Risiko. Wenn er zu weit, nicht weit genug, zu früh oder zu spät hinausläuft, überlässt er dem Angreifer die Initiative, der jetzt passen, dribbeln oder den Ball lupfen kann. Wenn der Ball außerhalb der Spieldistanz des Angreifers ist, sollte der Torwart schnell herauslaufen. Wenn der Angreifer den Ball eng am Fuß führt, sollte er seine Bewegungen beobachten und in Bereitschaftsposition gehen.

Es kann auch sein, dass ein Torwart, der häufig spektakuläre Paraden machen muss, einfach ein schlechtes Stellungsspiel hat. Zur richtigen Zeit am richtigen Ort zu sein ist das Wichtigste im Spiel des Torwarts und sicher am schwierigsten zu lernen.

Den Ball über die Latte heben
Wenn der Ball zu hoch zum Fangen ist und Fausten zu riskant ist, kann man ihn über die Latte heben. Das ist auch eine Möglichkeit, mit hohen Flanken umzugehen.

Idealerweise sollte der Torwart den Ball fangen.

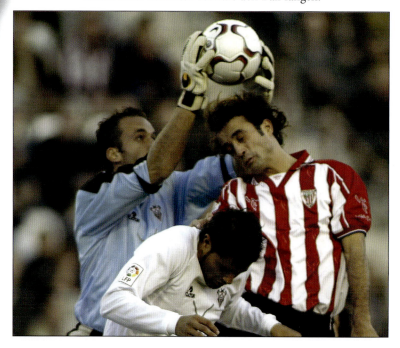

Der Torwart

Es ist wichtig, immer einen guten Blick auf den Ball zu haben. Bei Freistößen ist es oft besser, wie hier bei Oliver Kahn, freie Sicht auf den Schützen zu haben, als den Blick von der Mauer verstellt zu bekommen.

Ballverteilung

Auch die Bedeutung des Torwarts als Offensivkraft sollte nicht unterschätzt werden. Sobald er den Ball erobert hat, sollte er die Angriffsmöglichkeiten vor sich im Blick haben. Ein langer Abwurf oder Abschlag kann aus einer Verteidigung einen vorzüglichen Konter machen. Wenn die gegnerische Mannschaft nach vorne aufgerückt ist, kann der Torwart mit einem gezielten Wurf oder Abschlag einige Gegenspieler ausschalten.

Hierin war Peter Schmeichel ein Meister. Sein schnelles Agieren hat über die Jahre zu einigen Toren geführt.

TIPPS

- Jederzeit mit einem Schuss oder einer Flanke rechnen. Immer stabil im Gleichgewicht stehen, mit leicht gebeugten Knien.
- Den Ball beobachten und in seiner Flugbahn stehen.
- Wenn man den Ball nicht fangen kann, sollte man ihn zur Seite fausten oder lenken, um der gegnerischen Mannschaft die erneuten Angriffsbemühungen zu erschweren.
- Mit den Verteidigern kommunizieren. Nicht vergessen, der Torwart hat den besten Überblick über das Spielgeschehen.
- Immer sicher gehen, dass die Verteidiger erkennen, wann man herauskommen will, um den Ball zu fangen.
- Beim Hechten die Arme wegen des Aufpralls locker halten.

Fußball — Technik und Taktik

Standardsituationen

Beinahe die Hälfte aller Tore folgen direkt oder indirekt aus Standardsituationen. Keine Mannschaft im internationalen Spitzenfußball kann sich erlauben, eine so reiche Quelle für Torgelegenheiten zu vernachlässigen. Einwürfe, Eckbälle, Freistöße und Elfmeter haben zwei wesentliche Vorteile. Zum einen hat es der ausführende Spieler mit einem ruhenden Ball zu tun und wird weniger bedrängt. Zum anderen können Standardsituationen beim Training geübt und verfeinert werden. Dass die Mitspieler genau wissen, was passieren wird – wohin sie sich bewegen müssen, ob sie den Ball erhalten oder zum Schein laufen werden –, ist ein entscheidender Vorteil.

Man könnte jetzt folgern, dass eine Mannschaft so viele Standardsituationen wie möglich herausfordern sollte, wenn sie doch so produktiv sind. In der Praxis jedoch sind sie meist das Nebenprodukt eines guten Offensivspiels. Ein Torwart lenkt einen Schuss um den Pfosten zu einer Ecke; ein Verteidiger verursacht mit einer verzweifelten Attacke auf einen Stürmer kurz vor dem Tor einen Elfmeter; das Tackling eines Verteidigers gegen einen Flügelstürmer führt zu einem Einwurf. In all diesen Fällen hätte es die angreifende Mannschaft vorgezogen, den Ball im Spiel zu behalten. Die Standardsituation ist immer nur die zweitbeste Option.

Neben gutem Offensivspiel ist der beste Weg, eine Standardsituation herbeizuführen, Druck auszuüben, wenn der Gegner und besonders ein gegnerischer Verteidiger in Ballbesitz ist.

Freistöße

Von allen Standardsituationen führen Freistöße absolut betrachtet zu den meisten Toren. Für die Frage, ob man bei einem direkten Freistoß auf das Tor schießen soll, sind Entfernung und Winkel zum Tor entscheidend. Ist der Winkel ungünstig oder die Entfernung zu groß, sollte man versuchen, den Ball in die Gefahrenzone zu bringen. Verteidiger sind nicht gern gezwungen, sich umzudrehen und mit dem Gesicht zum eigenen Tor zu verteidigen, besonders dann nicht, wenn sie bedrängt werden.

Für den Schuss entscheiden

Bei zentralen Freistößen in Schussdistanz hat die defensive Seite noch mehr Grund zur Sorge. In der Regel wird eine Mauer aufgestellt, um das Tor zusätzlich abzuschirmen. Die Initiative liegt natürlich bei der angreifenden Mannschaft, und ein Pass oder ein gelupfter Ball könnte alle Verteidiger in der Mauer ausschalten. Trotzdem werden die meisten Freistöße kurz vor dem Tor direkt geschossen, weil diese aus nur einem Ballkontakt bestehen. Je komplizierter der Freistoß ausgeführt wird – das heißt, je mehr Spieler und Ballkontakte beteiligt sind –, desto größer ist das Risiko, dass er fehlschlägt.

Die eigenen Stärken ausspielen

Nicht jede Mannschaft hat einen David Beckham oder Ronaldinho in ihren Reihen. Man sollte die Stärken der eigenen Mannschaft nutzen. Wenn man einen Spieler hat, der gut darin ist, den Ball anzuschneiden, sollte man ihn auf jeden Fall einsetzen. Hat man jemanden mit einem explosiven Flachschuss, kann man ihn für einen geraden Schuss einsetzen. Entsprechendes gilt für Spieler, die besonders stark in der Luft sind, oder für solche, die ein gutes Timing beim Vorstoß in den Raum hinter die Abwehr haben. In letzteren Fällen sind mindestens zwei Spieler und zwei Ballkontakte beteiligt, weshalb sie besonders bei indirekten Freistößen angewendet werden.

Ein Letztes noch. Es ist immer gut, wenn sich zwei oder drei Spieler zum Freistoß aufstellen. Die eigene Mannschaft weiß, was passieren wird, aber angetäuschte Schüsse und zum Schein anlaufende Spieler bewirken Unsicherheit und Verwirrung in der Verteidigung.

David Beckham ist einer der besten Spieler der Welt am ruhenden Ball. Er hat viele Freistoßtore für Manchester United, Real Madrid und England erzielt.

Eckbälle

Eine Mannschaft kann im Laufe eines Spiels einige Eckbälle zugesprochen bekommen, die etliche gute Torchancen bieten. Die Eckballvarianten liefern unterschiedlich große Torchancen.

Eckbälle können nach der Entfernung, die der Ball zurücklegt (kurzer Pfosten, Mitte des Tores, langer Pfosten), und nach dem Winkel, mit dem sie geschossen werden (zum Tor hin oder vom Tor weg), unterschieden werden.

Ecken zum kurzen Pfosten sind am schwierigsten abzuwehren. Je weiter der Ball fliegt, desto mehr Zeit haben Torwart und Verteidiger, um zu reagieren. Der Angreifer am kurzen Pfosten kann versuchen, den Ball mit dem Kopf Richtung Tor abzulenken oder ihn zu einem Mitspieler nach hinten weiterzuleiten.

Eine sichere Variante, um in Ballbesitz zu bleiben, ist ein kurzer Eckball. Mit ein paar schnellen Pässen oder einem Dribbling kann der Ball möglicherweise aus viel kürzerer Distanz, einem anderen Winkel oder beidem ins Tor befördert werden.

Zum Tor hin oder vom Tor weg?

Der Vorteil von Eckbällen, die vom Tor weggezogen werden, ist, dass sie vom Torwart und den Verteidigern wegfliegen. Die angreifenden Spieler kommen dem Ball entgegen und können dadurch viel Wucht in einen Kopfball oder Schuss legen. Aufs Tor gezogene Eckbälle fliegen zwar auf den Torwart zu, aber der Strafraum ist überfüllt. Die kleinste Berührung, egal ob von einem Angreifer oder einem Verteidiger, kann zu einem Tor führen.

Eckbälle auf den kurzen Pfosten führen von allen Variationen zu den meisten Toren. Trainer wissen das natürlich und positionieren immer einen Verteidiger am kurzen Pfosten.

Einwürfe

In der Verteidigung wird der Einwurf meist genutzt, um das Aufbauspiel neu zu starten und den Ballbesitz zu behaupten. Im Angriff kann er ein großartiges Mittel darstellen. Viele Mannschaften haben Experten für lange Einwürfe, die bis zum kurzen Pfosten werfen können. Auch wer nicht so weit werfen kann, kann den Druck eines Angriffs erhöhen, wenn er folgende Punkte beachtet:

- Der Werfer sollte mehr als eine Option haben. Wenn die Mitspieler in Bewegung sind und einige vielleicht sogar abgesprochene Täuschungsmanöver vollführen, kann viel Raum für den Empfänger gewonnen werden.

- Wenn eng gedeckt wird, ist der Werfer oft der freie Spieler. Nach dem Wurf sollte er für einen Rückpass bereit sein.

- Genau wie bei einem Pass sollte man dem Empfänger das Leben so leicht wie möglich machen. Ein Mitspieler wird kaum dankbar für einen Ball sein, der unkontrolliert herumspringt.

- Den Raum nutzen. Ein in den Raum hinter einen Verteidiger geworfener Ball kann immer einem Mitspieler die Vorlage für einen Schuss oder Querpass bieten. Nicht vergessen, beim Einwurf gibt es kein Abseits, der Angreifer kann also früh loslaufen.

- Am besten kann man eine Verteidigung mit schnellen Einwürfe ausspielen. Deshalb sollte der am nächsten stehende Spieler den Einwurf ausführen. Die Ausnahme bildet der lange Einwurf, für den man warten muss, bis der Spezialist herbeigelaufen ist.

Standardsituationen

Der Einwurf
Die Knie beugen, um das Gleichgewicht zu halten, und den Körper nach hinten lehnen. Den Ball für die maximale Beschleunigung weit nach hinten zwischen die Schulterblätter nehmen und vor dem Kopf loslassen.

Elfmeter

Im modernen Fußball werden Strafstöße zu einer immer wichtigeren Torquelle. So wurde auch schon die ein oder andere Meisterschaft mit Elfmeter entschieden. Die deutsche Mannschaft war in dieser Hinsicht in vergangenen Jahren recht erfolgreich. Halbfinalsiege gegen England bei der Weltmeisterschaft 1990 in Italien und der Europameisterschaft 1996 in England durch Elfmeterschießen sind der Beleg dafür. Und nicht zu vergessen, das Siegtor durch Andy Brehme im WM-Finale von 1990.

Elf Meter vor dem Tor, nur den Torwart zu überwinden, ein ruhender Ball und keine Gefahr einer Attacke: Die Umstände sind alle auf Seite des Schützen. Aber vielleicht ist gerade die Tatsache, dass ein Tor erwartet wird, der Grund, warum so viele Schützen versagen. Der Torwart ist der Underdog. Niemand erwartet, dass er halten wird, also ist zu einem gewissen Grad der Druck von ihm genommen. Jeder Fußballer ist im Training locker dazu fähig, den Ball ins Netz zu befördern. Aber nicht jeder ist eiskalt genug, den Ball zu versenken, wenn es wirklich darauf ankommt.

Manche Elfmeterschützen versuchen es mit schierer Kraft und schießen den Ball mit dem Spann. Andere Spieler entscheiden sich für mehr Genauigkeit und schießen mit der Innenseite. Der Ball hat weniger Tempo, aber das sollte nichts ausmachen, wenn er flach ins Eck platziert wird. Dies ist die bevorzugte Methode der meisten Strafstoßschützen. Ein halbhoher Ball räumt dem Torwart die größte Chance zum Parieren ein.

Entscheiden

Was immer man tun will, man sollte sich früh entscheiden und dabei bleiben. Es gibt Spieler, die ohne Plan auf den Ball zulaufen. Stattdessen täuschen sie einen Schuss an, warten, dass der Torwart sich für eine Ecke entscheidet, und schießen den Ball dann in die andere Ecke. Das ist ein gefährliches Spiel. Es ist sicherer, einen Plan durchzuziehen.

Heutzutage ist es dem Torwart erlaubt, sich auf der Torlinie zu bewegen, bevor der Ball geschossen wird. Er darf nicht herauskommen, um den Winkel zu verkürzen, auch wenn viele es dennoch tun und damit durchkommen! Man darf sich nie von irgendwelchen Bewegungen oder sonstigen Mätzchen des Torwarts aus der Fassung oder gar von seinem Plan abbringen lassen.

Ein Strafstoß, scharf ins Eck platziert, lässt einem Torwart kaum eine Chance.

Spielsysteme

Spielsysteme

Über die Jahre haben Trainer viele verschiedene Spielsysteme für die zehn Feldspieler ausprobiert. Es ist heute schwer vorstellbar, aber es gab eine Zeit, in der das **2-3-5** das allgemein vorherrschende Spielsystem war. Es bestand aus zwei Verteidigern, drei Vorstoppern und fünf Stürmern.

Verstärkung des Abwehrverbunds

Die nächste große Entwicklung war das **4-2-4**-System. Das bedeutete eine stärkere Defensive und zwei Mittelfeldspieler, die den vier Stürmern zuarbeiteten. Durch die Umstellung auf das **4-3-3**-System erhöhte sich das Augenmerk auf die Defensive, allerdings entwickelte sich das Angriffsspiel zunehmend variabler, und die Räume wurden effektiver genutzt.

Das Mittelfeld wurde zunehmend als wichtige Schaltzentrale betrachtet. Deshalb war es nur natürlich, dass sich aus der **4-3-3**- die **4-4-2**-Aufstellung entwickelte. Hier können die beiden äußeren Mittelfeldspieler als Flügelstürmer mitwirken und sich, wenn der Gegner in Ballbesitz ist, zurückfallen lassen, um für ein stabiles Mittelfeld zu sorgen. Etliche Mannschaften waren mit diesem System in den letzten Jahren erfolgreich.

Drei zentrale Verteidiger

In jüngerer Zeit sind einige Mannschaften dazu übergegangen, in einer **3-5-2**-Formation mit drei zentralen Verteidigern auf einer Linie und zwei Außenverteidigern zu spielen. Ist die Mannschaft in Ballbesitz, schließen die Außenverteidiger nach vorne auf, um das Mittelfeld zu stärken, und greifen sogar mit an. Wenn der Ballbesitz verloren geht, lassen sie sich in defensive Positionen zurückfallen.

2-3-5

4-2-4

4-3-3

4-4-2

Viele Mannschaften spielen zu Hause mit einer offensiven Ausrichtung und auswärts defensiv. Genauso kann ein Trainer auch während des Spiels das Spielsystem ändern, weil es gegen einen bestimmten Gegner nicht gut funktioniert oder weil ein Spieler vom Platz gestellt wurde.

Umschalten

Auch wenn Spielsysteme und Mannschaftstaktiken wichtig sind, sollten sie nicht zu kompliziert werden oder den Spaß am Spiel rauben. Vor allem sollte man nie vergessen, wie wichtig es ist, als eine Einheit aufzutreten. Bei Ballbesitz sollten alle Spieler nach Möglichkeiten suchen, nach vorne zu kommen. Wenn der Gegner in Ballbesitz ist, teilen alle die Verantwortung für die Verteidigung.

3-5-2

Aufgestellt zum Anstoß.

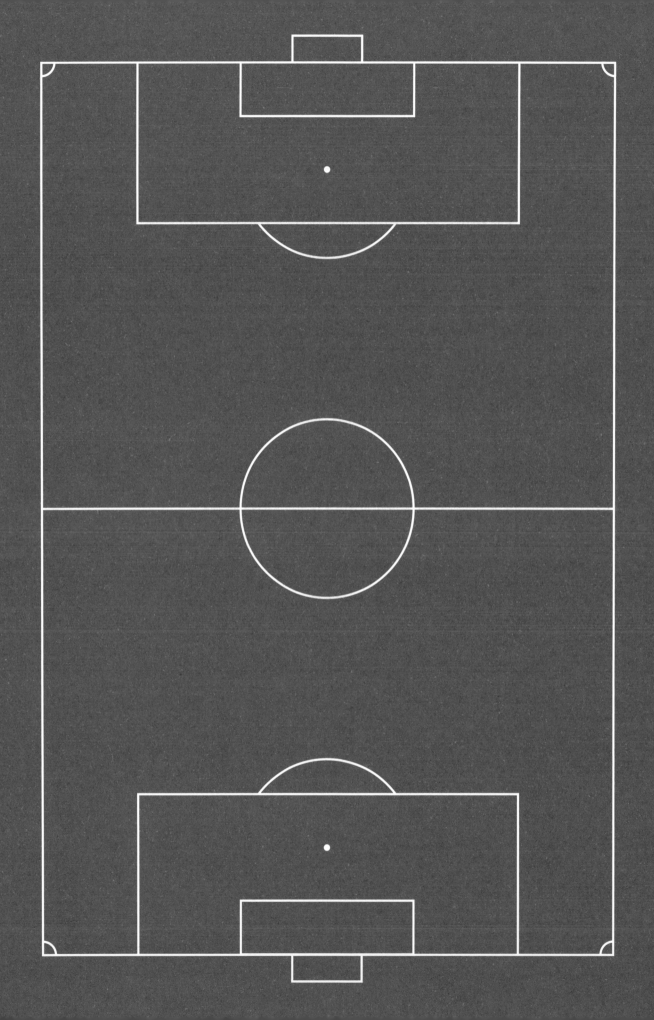